RELATION VÉRITABLE

Contenant ce qui s'est passé aux

EXORCISMES D'UNE FILLE

APPELLÉE ÉLISABETH ALLIER
Natife de
LA COSTE S. ANDRÉ EN DAUPHINÉ

Possédée depuis vingt ans par deux Démons
nommez Orgueuil et Bonifarce

*Et l'heureuse délivrance d'icelle fille après six
Exorcismes faits au Couvent des F.F.
Prescheurs de Grenoble*

Par le R. P. François Farconnet
Religieux du mesme Ordre

*Avec quelques raisons pour obliger à croire
la Possession & la Delivrance*

Jouxte la Coppie imprimée
A GRENOBLE

A PARIS
Chez Pierre Sevestre, En la Cour d'Albret
Et en sa boutique au Parvis N.-Dame

M. D. C. XLIX

RELATION VERITABLE

de ce qui s'est passé aux

EXORCISMES D'UNE FILLE

POSSÉDÉE

FAITS A GRENOBLE

Au couvent des RR. PP. Prescheurs

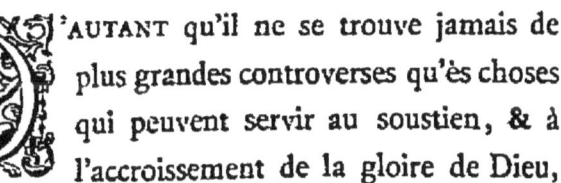'AUTANT qu'il ne se trouve jamais de plus grandes controverses qu'ès choses qui peuvent servir au soustien, & à l'accroissement de la gloire de Dieu, tant par l'envie du Diable, que par la malice & opiniatreté des hommes; veu mesmes que les miracles que Jesus-Christ fit pendant qu'il estoit au monde, comme la resurrection des Morts, l'esclaircissement des Aveugles, la guérison des paralitiques, & la delivrance des possedez, devant lever

toutes sortes de doutes à ceux qui en estoient les spectateurs, pour leur faire adorer celui qui en estoit l'Ouvrier, ne servirent qu'à gagner la moindre partie à glorifier Dieu, & à porter le reste jusqu'à un tel excez de rage, que de l'attacher à la Croix, *Quia multa signa facit :* A cause (disoient les Juifs) qu'il fait plusieurs miracles, aussi n'avons nous pas esperé que la merveille qu'il a plû à Dieu faire paroistre sur une pauvre fille possédée de deux Demons depuis vingt ans, desquels elle fut heureusement delivrée le Dimanche 23. Aoust, jour de la Feste S. Yacinthe, environ les neuf heures du matin, par la force des Exorcismes, gagnast, sans contredict, la créance de tous ceux qui en ont esté les tesmoins, ou qui en ont ouy faire le recit par personnes dignes de foy; puisque d'un coté, Dieu, par un secret de sa Sagesse, que nous devons adorer, ne le pouvant cognoistre, n'a jamais mis ses miracles tellement hors de doutes, qu'il n'ait fallu de la foy parmi l'evidence qui y estoit; & que de l'autre, le Diable ne se descouvre jamais entierement, soit en la possession, soit dans la delivrance de la creature, pour laisser à contredire, ou ne pas croire les choses qui peuvent donner de la gloire à Jesus-Christ, & authoriser le pouvoir de l'Eglise, ou bien par pure malice, qui ne peut estre humiliée quoy que vaincuë, ou bien que dans l'ordre où il se trouve, il ne puisse donner, ou estre contraint à faire paroistre des signes, plus convainquans de l'un, ou de l'autre, je veux dire de la possession, ou de la délivrance : Car, comme les bons Anges ne sont pas esgalement puissans, comme ils ne sont pas esgalement bienheureux, ny d'intelligence esgalement parfaite : Aussi les Demons sont-ils dans des ordres, parmy leurs confusions, qu'ils ne peuvent outrepasser, soit pour reveler, ou ne pas reveler, soit pour accorder ou ne pas accorder ce que l'on leur demande estant les uns Superieurs, les autres Moyens, & les troisiesmes Inférieurs en cognoissance, ausquels Dieu ayant laissé la science qui estoit née avec eux à leur creation après leur revolte, il en suspend, quand bon luy semble l'exercice & le pouvoir en punition de leur attentat, & à cause qu'ils ne s'en serviroient que contre ses créatures, & au prejudice des ames Chrestiennes, ayant au contraire laissé cet exercice de science aux bons Anges, parce qu'ils ne peuvent en user que pour sa gloire, & le bien de son Eglise.

Mais quoy, dis-je, que nous n'ayons point esperé de voir tous les Esprits gagnez à croire la possession & delivrance de cette pauvre fille par la vertu des Exorcismes de l'Eglise, si est ce pourtant que nous n'eussions pû nous persuader que certains eussent eu assez de temerité, ou d'infidelité pour improuver & condamner de fausseté, les choses qu'ils n'ont jamais veuës : Car, ou ils croyent les possessions possibles, ou non. S'ils les croyent possibles, c'est avec temerité qu'ils condamnent de fausseté, & de non estre, ce qu'ils n'ont pas vû dans la personne d'une fille, laquelle est d'autant plus capable de possession qu'elle est Chrestienne. S'ils ne croyent point les possessions possibles, ils sont infideles, injurieux à leur profession, & indignes d'être escoutés des Chrestiens, qui sont obligez de les croire faites & faisables par l'Evangile & la Religion qu'ils ont embrassée, quoy qu'ils ne le soient pas pour les croire dans cette personne, ou dans celle-là, qu'autant que les marques données par l'Eglise, &' les Docteurs, se trouvent dans une personne posseđée; ny que d'autres, que la curiosité seule, & non pas le dessein de s'édifier, a fait assister aux Exorcismes, & qui, peut-être par un chastiment de Dieu, est la cause de leur incredulité, eussent pû ne pas croire une possession par les signes qui en ont paru, & que je remarquera; en suitte de ce discours : que non seulement, dis-je, ils n'en fussent pas tout à fait convaincus, mais mesme qu'ils s'efforçassent à faire croire, que ce que nous appellons véritables marques de possession, soit un pur effet de maladie ou saillie d'esprit.

Pour donc voir maintenant quelles sont les raisons à croire, & pour obliger ceux qui ne croyent pas à donner les leurs, nous disons qu'il y a trois preuves principales qui peuvent verifier, autant qu'il plaist à Dieu une possession par les Demons, quoy qu'une possession puisse estre veritable & reelle, sans ces signes-là, que le Diable ne donne que le moins qu'il peut, pour n'estre, ny découvert, ny contraint à quitter prise ; *Primo* : le langage que l'on n'a jamais appris, & que la personne possedée n'a pu sçavoir dans la condition, & la qualité où elle se trouve depuis sa naissance : *Secundo* : le mouvement, & le soustien du corps en l'air sans aide & sans appuy ; *Tertio* : la déclaration des secrets & des choses inconnuës à ceux qui les revelent. Lesquelles preuves, qui se remarquent ordinairement aux possessions, n'ont pas un enchaisnement si naturel entr'elles que l'une ne puisse estre sans l'autre ; ce qui nous fait dire apres cinquante des plus grands Docteurs & Peres de l'Eglise, qui authorisent les possessions par les marques cy dessus rapportées, qu'il n'est pas absolument necessaire pour croire une possession, qu'elles se rencontrent toutes dans une personne pour la faire declarer possédée ; mais que l'une des trois suffit, pour faire différence entre une maladie (qui est la seule desfaite des Incrédules) & une obsession par les Démons, laquelle ne pouvant estre bien reconnuë que par les Exorcismes, & l'authorité de l'Eglise. Vous allez voir le recit de celle d'une fille possedée & delivrée le Dimanche 23 Aoust, jour & feste de St Yacinthe.

Au premier Exorcisme qui se fit sur cette pauvre fille, nommée Elizabeth Allier, d'un village de la Coste S. André, appellé S. Hilaire en la province de Dauphiné, le 18. Aoust 1649, le matin depuis huict heures jusques à dix, dans le chapitre des FF. Prescheurs de Grenoble, apres les prières faites à Dieu, & les Exorcismes accoustumez de l'Eglise en pareille occasion par le R. P. François Farconnet, Docteur en Théologie dudit Ordre, l'on sceut par une voix sourde, & assez grosse qui se faisoit de la fille, sans voir que si peu de mouvement dans sa bouche & dans ses levres, qu'à peine y en pouvoit-on remarquer, qu'il y avoit deux Demons dans son corps, l'un appelé Orgueil, & l'autre Bonifarce; qu'ils y estoient entrez par malefice donné par une crouste de pain, dès l'aage de sept ans, à dessein de faire souffrir la creature (ainsi ils ont toujours nommé la sus-dite fille) ou pour la faire paillarder, s'ils pouvoient, & qu'ils n'en sortiroient point que trois jours avant sa mort.

Au second Exorcisme, qui fut fait le mesme jour & par le mesme Pere dans l'Église en la chapelle St Hyacinthe environ les quatres heures & demie du soir, les prières & les conjurations accoustumées, le Demon Orgueil confirma tout ce qu'il avoit dit le matin dans le Chapitre du Couvent; son compagnon n'ayant pû estre obligé à parler ce premier jour, ny le second: Mais le Pere ayant commandé à Orgueil de dire : *Deus est omnipotens*, il repondit : *Deus non est omnipotens*. Ledit Pere n'ayant pas pris garde que le Demon mettoit un *non*, il passa à d'autres interrogatoires, comme de lui demander, quels estoient ses ennemis en Paradis ? & quels estoient ses Maistres en Enfer ? Il fit response que St Jean Baptiste, St Jean l'Evangeliste & l'Archange Gabriel estoient ses grands ennemis dans le Ciel, & Belzebut & Marcot ses Maistres dans les Enfers.

Au troisiesme Exorcisme, qui se fit le matin dans le Chapitre, le Père François Farconnet ayant esté adverty que le Demon Orgueil avoit fait un blaspheme dans la Chapelle de St Hyacinthe le soir precedent, disant : *Deus non est omnipotens*, luy commanda de se retracter, & dire nettement, *Deus est omnipotens*, à quoy le Demon fit un second blaspheme, disant : *Deus est semipotens*, il dit : *Deus omnipotens*, oubliant & obmettant malicieusement *est*, & contraint de dire *est*, dit : *Deus est* seulement : Enfin il franchit le mot, disant clairement : *Deus est omnipotens :* revela qu'il y avait un heretique en la compagnie, qui y estoit venu par curiosité, & que les Heretiques estoientses parents ; & siens : repeta ses ennemis du Ciel qu'il avoit nommés le jour precedent. Mais le Père luy demandant si la Vierge n'estoit pas aussi de ses ennemis ? il dit d'un ton de voix plus fort, que c'estoit elle qui avoit creusé ses abysmes, & commeon luy parla de l'Eternité, il s'écria : O vaste Eternité ! Dit qu'il avoit fait paroistre la fille grosse, afin de faire croire qu'elle pechoit ; qu'il l'avoit fait battre par des garçons qui n'en avoient peu jouyr. Estant interrogé de quelle Hierarchie il estoit ? Respondit : de la première. Dans quel Ordre ? Au troisiesme. Le nom de cet ordre ? Cherubin : A quoy un Religieux prestre Theologien repartit, que les Cherubins estoient du second : Ce qui donna nouveau sujet à Orgueil de parler, disant, celuy-là a envie de me faire passer pour menteur.

Au quatriesme Exorcisme se trouverent quantité de personnes de condition, qui y assisterent depuis les sept heures du matin jusqu'à près d'onze ; lesquelles entr'autres choses remarquerent avec attention que la fille possedée ne faisoit quasi point de mouvement de bouche, ny de levres en parlant; qu'estant une fille paysanne, d'une contrée, où les paysans parlent plus mal qu'en tout autre lieu de la Province, que n'en estant jamais sortie que pour aller deux fois en Savoye au tombeau du Bien-heureux François de Sales; & que n'ayant jamais esté en condition pour apprendre le françois qu'elle parloit, il falloit qu'il y eut quelque chose d'extraordinaire en elle. Un de la compagnie, tres digne juge du langage françois, pour le sçavoir parfaitement dans sa pureté, comme tesmoignent les Ouvrages qu'il a mis en lumiere, asseura que cette fille parloit le langage ordinaire du menu peuple de Paris, avec un accent de colere, & n'avoit aucune apparence de celuy du Dauphiné. Commandement fut fait à Orgueil de dire, *Miserere mei, Deus,* mais il ne fut pas possible de le faire, disant, il n'y a point de miséricorde pour moy. Un religieux prestre assistant, luy ayant dit quelques injures en Grec, le Demon parla, mais ledit Religieux ne pût rien entendre à cause du bruit que l'on fit en ce temps-là, sinon ce mot, *Respondeas*. Au mesme temps un banc rompit, pour estre trop chargé de monde; sur quoy le Diable témoigna de la joie par la possedée, & dit : Voilà qui me plaist ! Un homme des plus qualifiez de la Province, tant par sa naissance que par son merite, & qu'il y possede une des premieres Charges, dit quelque chose au Demon, qui luy répondit : Tu es un curieux. Pour obeyr ensuitte aux commandemens qui luy furent faits de dire, quand il sortiroit, par qui, & par le merite de quels Saincts? dit qu'il sortiroit le Dimanche suivant, jour de S. Yacinthe : Par toy, parlant au Pere Exorciste, & par les merites de S. Jean Baptiste, de l'Ange Gabriel, Notre Dame du Mont Carmel, & du Bien-heureux François de Sales, qui occupe ma place dans le Ciel. Interrogé de dire, quelle marque il donneroit de sa sortie, (il) dit ces mots, Je profererai trois fois le nom de Jesus, & croiseray les bras de la créature. Pressé d'en donner une autre plus visible, dit qu'il ne pouvoit; & que son compagnon Bonifarce sortiroit par les merites de S. Yacinthe.

Au cinquiesme Exorcisme le Demon Orgueil interrogé pourquoy son compagnon ne vouloit point parler, dit qu'il estoit muet, meschant & obstiné, qu'il ne vouloit point sortir. Interrogé des moyens de le faire parler, dit, qu'il le falloit faire adorer & boire de l'eau beniste. Les commandemens sont redoublez à Bonifarce, en vertu desquels à la fin il parle d'un ton de voix tout différent de celui d'Orgueil, à sçavoir d'une voix déliée & de Marionnette. Dit qu'il y avoit eu sept Demons dans le corps de la fille, où il estoit encor, que cinq en avoient esté mis dehors, & qu'ils ne restaient plus que deux, qu'ils avoient esté chassez par un Guillaume Perrot, que ce Perrot estoit de l'Ordre de St. Augustin; mais ayant esté dementy, se reprit, & dit au Pere Exorciste, il estoit comme toy. Le Pere luy commande de dire de quel Ordre il estoit. Le Demon respond : Jacobin, mais commandement luy estant fait de dire un autre nom de son Ordre, il fut l'espace d'une demi-heure, sans dire mot : c'est pourquoi l'Exorciste s'adresse à Orgueil, & luy demande la raison du silence de son compagnon : lequel respond, que c'est qu'il est meschant, obstiné, & qu'il ne veut pas obeyr. Le Pere le presse de dire les moyens de le faire parler, & respond qu'il le faut faire adorer le Redempteur, & luy faire boire de l'eau beniste ; ce qui est fait à l'heure mesme, les deux Demons prosternant le corps de la fille, comme s'il eust esté tout d'une pièce, la face contre terre, dirent chacun de sa voix : Nous t'adorons, mon Dieu ; suivant le commandement qui leur en avoit esté fait, ayant dit auparavant que le Corps & le Sang de Jésus-Christ estoient au S. Sacrement de l'autel réellement, & non pas seulement en figure (comme disent les Heretiques). Et sitost que la fille fut relevée, l'on luy fit boire de l'eau beniste pour obliger Bonifarce à parler, & à nommer autrement que Jacobin l'Ordre duquel estoit Guillaume Perrot, & dit enfin d'une voix éclattante, & comme s'il eust passé sur des charbons, de S. Dominique. Les deux Demons respondent quand ils sont interrogez & l'un ne contrefait ny n'emprunte jamais la voix de l'autre : ce que remarquerent attentivement les personnes de condition qui assistoient à l'exorcisme. Orgueil dit, qu'il sortira demain qui estoit le Dimanche, jour de S. Yacinthe à onze heures. Le Pere luy demande de quel horloge il prendra les heures : il respond : Je n'entens point d'horloge, ny ne m'arreste point à ces niaiseries-là : Qu'il donnera pour marque de sa sortie ces paroles, disant : Je profererai trois fois le nom de Jesus, & qu'il croisera les bras de la creature. L'on le presse en luy en demandant d'autres : par exemple d'escrire le nom de Jesus contre la voûte, ou d'esteindre le cierge, qui seroit allumé sur l'autel du costé de l'Epistre. Pour le premier il respond, qu'il ne sçait pas escrire : & pour le second, qu'il n'en donnera point d'autre que celuy qu'il a promis. Bonifarce s'opiniastre à dire qu'il ne sortira point que trois jours devant la mort de la fille. Le soir du cinquiesme Exorcisme, qui fut fait au Chapitre du Couvent, jour de samedi, quelques personnes de condition desirerent voir la fille possedée dans la Sacristie dudit couvent pour l'entendre parler son langage ordinaire, & remarquer quelque chose de particulier en elle, qui confirmast les uns dans la créance où ils étoient desjà d'une veritable possession, ou qui fist connoistre aux autres que c'estoit, ou tromperie ou maladie en la susdite fille. En effet, un des plus qualifiez de la Province apres l'avoir interrogée, si elle n'estoit jamais sortie du pays, si elle n'avoit point esté en quelque condition à servir quelque Dame ; & la fille respondit que non, sinon pour aller deux fois en Savoye, il lui demanda, si elle avoit esté autrefois Exorcisée, respondit en son pattoy, que l'on luy avoit dit, qu'ouy ; Par qui ? par un Monsieur Guillaume : et où ? à Beaurepaire. Quel estoit ce Monsieur Guillaume, si elle n'en sçavoit pas le nom, respondit que l'on ne l'appelloit que comme cela, & qu'elle ne le connoissoit point. Cependant elle avoit le matin dit au Chapitre à l'Exorciste, ou plustost le Demon Boniface par elle, qu'elle avoit esté exorcisée par Guillaume Perrot. Ce qui fut ouy de toute l'assemblée clairement, ayant esté prononcé bien nettement & distinctement. Sur quoy cet homme de condition dit au Pere Prieur du couvent qui l'avoit accompagné dans ladite Sacristie : Mon Pere, cette fille-là est aussi asseurement possedée que nous sommes icy vous, & moy. Ce que le susdit Pere Prieur creut d'autant mieux, qu'ayant ouy parler la fille bon françois dans ses Exorcismes sans dire aucun mauvais mot, il n'entendoit rien au langage qu'elle parloit à M. de Boissieu, puis qu'il le faut nommer. Un gentilhomme nommé Monsieur de Boissac, surnommé l'Esprit, aborda la fille ensuite, & dit plusieurs injures en Grec au Demon, ausquelles il ne respondit que par des grimasses & mouvemens violens. Le dit Sieur de Boissac tenant les mains à la fille pendant les injures, laquelle luy portoit la dent à la main, mais ne fit qu'une legere impression de dents sans le mordre. Il avoit auparavant dit à la fille : Ma mie, vous n'estes point possedée, ce n'est qu'un mal de rate qui vous travaille, & la fille respondit avec une simplesse si grande que l'on n'en peut voir davantage en son pattoy : Je ne sçai-pas. Une dame de condition, ayant remarqué que la fille s'émouvoit, ou plustost le Demon, à la parole du Pere Farconnet, Exorciste, qui pourtant n'usoit point alors d'Exorcisme, s'approcha de la fille & dit, parlant au Diable : Tu n'as plus guères à regner dans la Turquie, il faut que tu sortes bien-tost de cet empire-là, avec quelques autres paroles. A quoi la possedée respondit, c'est une femme qui te l'a dit, il ne faut pas la croire ; c'est une friponne. Et la Dame défendant la personne que le Demon appeloit friponne, dit à la compagnie, qu'elle sçavoit bien ce que la fille vouloit dire, & que ce luy estoient choses inconnuës, ce qui fit sujet d'estonnement à la dite Dame. Monsieur de Boissac entendant parler le Demon s'approcha, luy disant : Tu es un pauvre coquin qui n'as pas eu la force seulement de me mordre. Grand-mercy, respond le Demon, que j'en ay esté empesché. Et par qui lui demande-t-on ? Par l'Ange de la creature, respond-il. Et se tournant du costé dudit de Boissac, luy dit avec un remuëment de main droite : Tu fais le Philosophe. Par après le Demon dit : Je voudrois bien parler demain à ces heures icy ; mais je suis bien dolent. Et pourquoi lui demande-t-on ? Parce qu'il faut desloger. A quelle heure ? lui dit Le Pere. A onze heures.

Le Pere Exorciste ayant sceu que la dite fille n'avoit peu boire, ny manger ce jour-là, une fille qui assistoit la possedée ayant dit, qu'au dyner, voulant mettre de l'eau dans le vin que devoit boire la fille possedée, le Diable parla, disant : Je te jetterai l'eau au nez. Et en ayant mis, en effet la pauvre tourmentée ne peut boire, ny manger depuis ce temps-là ; c'est pourquoi le Pere appela les deux demons par leurs noms, lesquels firent grand mouvement au visage de la fille entre cuir et chair, & leur fit defendre de l'inquieter, ny de l'empescher de boire, de manger, ny de dormir. Ensuite les Demons quittant la partie de la face, descendirent à l'instant à la gorge de la fille avec les mesmes mouvemens qu'au visage. Mais le Pere qui vouloit leur commander de se retirer aux extremitez des ongles insensibles du gros orteil du pied droit jusques au lendemain qu'il les appelleroit, dit : Attens, attens; à quoi Orgueil respondit : Dis, dis, je n'ai encore gueres marché. Ce commandement du Pere Exorciste achevé, la fille recommença à parler son langage ordinaire, & dit : Mon Dieu, je n'y voy pas; & maniant ses paupières adjousta : Je commence à voir. La compagnie se retira après avoir fait charité à la pauvre fille; laquelle ne voulut point d'argent: laissa tomber une piece que lui donnoit M. le Tresorier de Portes apres avoir vu que c'estoit de l'argent; neantmoins l'on bailla les charitez à une femme qui la gouvernoit.

J'oubliois à remarquer que Mr de Boissac, tenant du fenoüil en sa main, & l'ayant appliqué sur le col de la fille un peu serré, pour voir peut-estre si elle ne croiroit pas que c'estoit des reliques; & si elle ne feroit pas quelque grimasse extraordinaire, elle ne fit qu'un certain tremblement, comme une fille que la pudeur feroit tremousser, sentant la main d'un homme sur son col, sans hurlement, ni cry.

Le lendemain, qui fut le Dimanche, la fille apres avoir ouy la Saincte Messe au Chapitre, que dit le Pere Exorciste, & communié de ses mains avec grande tranquillité par la defense que fit ledit Pere aux Demons de l'inquieter ; ce que l'on n'avoit pas remarqué aux autres jours qu'elle avoit communié, quelque commandement que l'on fist aux demons ; les Exorcismes & les prieres accoustumées etant faites, Bonifarce ny son compagnon ne firent point de difficulté à respondre aux demandes que l'on leur faisoit, Orgueil dit : Voilà bien des Conseillers; et en effect, il y en avoit trois ou quatre sur un banc à costé de la fille que l'on exorcisoit, laquelle n'en pouvoit connoistre qu'un seul & lesquels n'avoient aucune marque alors qu'il les peust faire connoistre pour Conseillers plustot que pour personnes d'une autre condition : A quoy le Pere Exorciste repliqua au Demon : c'est pour te juger, & te condamner. Et le Demon : Je suis desjà condamné.

Le Reverend Pere Gardien des Capucins y assista ce jour-là ; & le precedent un de ses religieux s'étoit trouvé aux Exorcismes, qui tous deux aiderent beaucoup de leurs advis le Père Exorciste, pour s'estre rencontrez autrefois à de semblables actions.

Orgueil dit au Pere qui lui demanda le temps de sa sortie : Je sortirai plustost que tu ne penses. A quoy l'Exorciste repliqua : Tu es donc un menteur : car tu as-dit ces jours derniers que tu ne sortirois qu'à onze heures. A quoi le Demon respondit : Je suis pressé, parce que Dieu t'a augmenté les graces que tu n'avois pas : & l'Ange de la creature a prié fortement pour toy, afin que tu eusses le pouvoir de me faire sortir. Sur quoy le Pere repliqua : Hé bien, en actions de graces, nous allons dire un *Pater* et un *Ave*. Apres quoy, l'Exorciste prenant le S. Sacrement et le Calice dans lequel il estoit, dit au Demon Orgueil : Sors donc, Miserable : & le pressant de plus en plus, la fille possedée entra en des convulsions estranges, ouvrant la bouche & tirant la langue dehors de plus de quatre doigts, le Demon prononçant d'une voix horrible deux fois : *Jesus*, sortit. Il avoit promis de le proférer trois fois, & de croiser les bras de la créature, ce qu'il ne fit pas. Le Pere commanda au mesme Orgueil de lui respondre, mais il ne dit plus mot. A cause de quoy il s'adresse à Bonifarce & luy commande de dire si Orgueil estoit sorti, qui dit, Qu'ouy. Où il estoit allé? Dans les abysmes de l'Enfer, dit-il, d'où il ne sortira jamais. Et apres ces responses, l'on fit des prières à Dieu, par les Litanies de S. Yacinthe, parce qu'Orgueil avoit dit qu'il sortiroit par S. Jean-Baptiste, S. Jean l'Evangeliste, l'Ange Gabriel, & l'Ange de la creature ; mais que son compagnon sortiroit par S. Yacinthe.

Les prieres achevées, le Pere commanda à Boniface de sortir : mais il fait l'opiniastre ; & dit, qu'il ne sortira point. Le Pere redoubla ses commandemens, ausquels l'on entendit les voix des deux Demons. Ce qui fit croire à la compagnie que l'une estoit d'Orgueil ; mais cette voix que l'on entendit estoit plutost un son qu'une voix : car elle passa legerement, ne dit rien qui pût estre entendu de personne, ayant parlé toutes es autres fois distinctement & intelligiblement. Ce qui a fait croire aux plus capables que cette voix estoit un effet de la malice de Boniface, qui feignit celle de son compagnon pour embarrasser les esprits, & les remplir de doute. Le Pere presse par les commandemens faits en vertu du S. Sacrement qu'il tenoit dans le calice sur la teste de la Fille, Boniface de sortir. Il demande une creature à la sortie de celle-là, le Pere la lui refusa. L'on luy demande pourquoy Orgueil, qui avoit promis de proférer trois fois *Jesus*, ne l'avoit fait que deux & pourquoy il n'avoit pas croisé les bras de la créature selon sa promesse, Bonifarce fait response : c'est que tu l'as trop pressé ; & pour le croisement de bras, il me l'a laissé à faire. L'on l'oblige à dire quel signe il donneroit de sa sortie ; & respond : Qu'il prononcera par trois fois *Jesus Christ*. L'on lui demande de plus convainquans de sa sortie, d'esteindre par exemple un cierge, mais il dit, comme son compagnon, qu'il n'en donneroit point d'autre. Si bien que les Exorcismes, & les commandemens estant redoublés par le Pere Exorciste, la pauvre fille tomba dans de plus grandes convulsions qu'à la sortie d'Orgueil, se courbant comme un demy cercle, tirant la langue horriblement hors la bouche; qui estoit ouverte, & neanmoins parlant, contre sa façon ordinaire de parler, qui desire que la langue soit necessairement dans la bouche, & que la bouche ne soit ouverte que par un petit mouvement de machoire & des levres. Après lesquelles convulsions, qui faisoient peur aux spectateurs, Bonifarce prononça trois fois hautement & intelligiblement *Jesus Christ*, et croisant les bras de la fille sur son estomach, la pauvre creature fit une cheute de teste, comme si elle eust rendu l'ame, & en effet tomba en défaillance.

Voilà tout ce qu'on a pu remarquer de plus particulier, depuis le mercredy 18 Aoust. 1649; jusques au Dimanche suivant, jour de S. Yacinthe, dans les Exorcismes, responses, & delivrance de la fille, laquelle a demeuré dans Grenoble quelque temps après sa délivrance, pour se faire voir à ceux qui le désiroient, & dire aux Curieux & aux Incrédules ce que dit l'Aveugle né aux Juifs, qui lui faisoient toutes sortes de questions, pour sçavoir s'il estoit en effet guery : & les autres pour le surprendre, & censurer le miracle de sa veue : Dites tout ce qu'il vous plaira, pour moy je suis asseuré, qu'estant aveugle, je voy clair maintenant. Que les curieux, dis-je, les incrédules & les critiques voyent la fille, & l'interrogent de sa maladie, de ses Exorcismes, & de tout ce qui s'est passé, elle leur fera, sans doute, les mesmes responses qu'elle m'a fait & à plusieurs autres : qu'elle ne se souvient de rien de tout ce qui s'est dit & fait, mais qu'elle se porte bien.

Que si les critiques disent que c'estoit une maladie naturelle, qu'ils appellent matricale, ou une tromperie de la fille, qui contrefaisoit la possedée pour gagner de l'argent, & obliger ceux qui la verroient dans les symptomes à la compassion, je n'ay rien à leur respondre sinon : que si c'estoit une maladie, c'est toujours un miracle qu'elle soit guerie, sans les remedes spécifiques au mal de mere, dont elle n'estoit point atteinte, au sentiment de Medecins & Chirurgiens à ce bien cognoissans, mais par les seules Prières & Exorcismes de l'Eglise. Et si d'autres me répliquent que la susdite fille n'estant malade que d'imagination elle a pu estre guerie par la mesme imagination detrompée : Je responds que pour guerir les maladies d'imagination par l'imagination mesme, il faut quelque chose de sensible au malade qu'il voye, ou qu'il sente pour tromper l'imagination blessée, & gagner la créance de la personne malade qu'elle est guerie, autrement elle demeurera toujours dans les mesmes imaginations. Or la pauvre fille ne se souvenant de quoy que ce soit de tout ce qui s'est passé sur elle, rien ne luy a esté sensible; & partant son imagination pretenduë blessée, n'a pû estre guerie par la mesme imagination. Et pour une autre preuve, je diray qu'une personne malade, ou en effet, ou par imagination seulement, ne peut asseurer du jour de sa guérison, comme a fait cette-ci, ayant toujours dit, ou plutost les Demons par elle, qu'elle seroit delivrée le Dimanche, qui estoit le 22 Aoust, jour de

S. Yacinthe. Mais pour respondre à ceux qui disent que c'estoit une fourberie qu'elle faisoit pour gagner de l'argent, je les renvoye à la mesme fille pour l'entretenir de discours, l'entendre parler, s'informer de ses instructions & de sa naissance, pour voir qu'une fille des plus simples, d'un pays où l'on parle tres-mal, cogneue de tous les voisins de son village, qui ne s'en est absentée que pour aller deux fois faire ses dévotions en Savoye, ne sauroit avoir assez d'adresse pour tromper des personnes bien clairvoyantes.

Que si elle n'estoit point malade (comme veulent dire quelques-uns) je soustiens qu'une personne ne peut volontairement entrer dans les symptomes et convulsions où l'on l'a veuë, jusques à en tomber deux ou trois fois dans une entiere defaillance. Mais en finissant ces remarques, il ne faut pas oublier que neuf jours après la sortie des deux Demons, du corps de la susdite fille, environ les sept heures & demie du soir, elle eut un tressaillement par trois diverses fois, avec les mesmes douleurs qu'elle souffroit pendant sa possession : De quoy le Père Exorciste estant adverty, partit pour la voir : Et entrant dans la chambre, il parla au Demon en ces termes : Pourquoy es-tu retourné, malheureux ? A cause du malefice (respondit Bonifarce, luy seul estant rentré) oste-le ; & je ne reviendray plus. De vray, le Pere Exorciste n'ayant point travaillé à rompre ledit malefice, par lequel les deux Demons dirent avoir possedé la fille, se resolut à recommencer le lendemain au matin ses Exorcismes pour l'oster, & chasser ensuite le Demon Bonifarce, qui s'en servoit comme d'un titre de sa posession.

A cause de quoy je diray en passant que le Diable estant le singe de Dieu, tout ainsi que Jésus Christ a imprimé ses graces aux Sacremens de l'Eglise, lesquels dans leur définition ne sont que les signes sensibles des graces invisibles qui sont renfermées sous les apparences sensibles, de l'eau au Baptesme, du pain et du vin au S. Sacrement de l'Autel, de l'huyle à l'extreme Onction, & ainsi de tous les autres qui sont signes sensibles, ou par paroles, ou par autres choses, aussi le Demon se sert-il de sortileges, malefices & caracteres sensibles pour exercer ses malices contre les Chrestiens & Serviteurs de Jesus Christ : C'est pourquoy le malefice donné à cette pauvre fille restant encor, il recommença les douleurs qu'il avoit interrompuës l'espace de neuf jours. Mais le lendemain la fille ayant esté confessée & communiée, le Pere exorcisa Bonifarce, & lui commanda de jetter le malefice, qu'il dit estre une crouste de pain, ce qu'il refusa de faire d'abord. Mais pressé par la force des Exorcismes, dit qu'il ne pouvoit le mettre dehors, que le morceau estoit trop gros, & qu'il estrangleroit la fille plutost que de sortir. Le Pere ne laisse pas de redoubler les Exorcismes, durant lesquels la susdite fille, ou le Diable en elle faisoit des efforts estranges à vouloir vomir sans le pouvoir faire, sa gorge paroissant prodigieusement enflée, & son gosier empesché par quelque gros morceau qui sembloit la devoir estouffer; le Diable disant toujours : Je l'estranglerai. Le Pere lui commande de rompre le morceau, & de le jetter par pièces; mais il respond qu'il n'en a pas le pouvoir. Et qu'encor qu'il put briser les pièces, que la dissolution de ce morceau, qui estoit endurcy luy estoit impossible : Enfin il dit qu'il ne pouvoit estre rompu que par une medecine, de laquelle les drogues devoient estre benistes, qu'il sortiroit pour ne plus retourner; & qu'il ne pouvoit donner d'autres signes que ceux qu'il avoit donné à sa première sortie, prononçant trois fois *Jésus Christ*, & croisant les bras de la fille, la laissa dans une grande défaillance, de laquelle estant revenuë, elle parut avec un visage serain, & si dissemblable de celui qu'elle avoit pendant les Exorcismes, qu'elle estonna tous ceux qui y estoient presens.

Or qu'un malefice puisse estre dissous par une medecine & des remedes benits, les Docteurs l'enseignent, & tous les livres qui parlent des possessions & obsessions, sortileges, pactes, caracteres & malefices, en donnent des exemples, & authorisent cette vérité, ausquels je renvoye ceux qui ont assez de respect pour la doctrine Catholique, & les Incredules à l'experience, ou exemple d'un premier malefice que jetta la susdite fille à la Coste S. André en cette Province, lequel estoit attaché à un quartier de coing qu'elle vomit aussi entier qu'il avoit esté auparavant que d'entrer dans son corps, quoy qu'il y eust plusieurs années qu'elle l'eust mangé, par la force des remedes benits.

LYON.
Impr. Mougin-Rusand
M D CCC LXXV

www.ingramcontent.com/pod-product-compliance
Lightning Source LLC
Chambersburg PA
CBHW060610050426
42451CB00011B/2179